AF250517

COMMISSION DES ANTIQUITÉS ET DES ARTS
DE SEINE-ET-OISE

LA LÉGENDE

DES

PREMIERS BOUCHARDS

DE MONTMORENCY

PAR

J. DEPOIN

Membre de la Commission

PONTOISE
SOCIÉTÉ HISTORIQUE DU VEXIN
5o, RUE BASSE, 5o

1908

LA LÉGENDE

DES

PREMIERS BOUCHARDS

DE MONTMORENCY

COMMISSION DES ANTIQUITÉS ET DES ARTS
DE SEINE-ET-OISE

LA LÉGENDE

DES

PREMIERS BOUCHARDS

DE MONTMORENCY

PAR

J. DEPOIN

Membre de la Commission

PONTOISE
SOCIÉTÉ HISTORIQUE DU VEXIN
50, RUE BASSE, 50

1908

LA LÉGENDE

DES

PREMIERS BOUCHARDS

DE MONTMORENCY

Ce n'est pas de nos jours chose facile que d'écrire l'histoire. Le temps n'est plus où le bon lecteur se contentait de simples conjectures à défaut de documents, où l'on faisait crédit à n'importe quelle pièce tirée de n'importe quel fonds d'archives. Une critique sévère s'exerce sur les sources de l'histoire; on passe au crible les anciennes chartes pour s'assurer qu'elles ne contiennent pas une parcelle d'erreur, pas un terme suspect qui puisse faire révoquer en doute leur authenticité. De savants éplucheurs de textes ont eu raison des préjugés favorables qui avaient longtemps fait accueillir des actes fabriqués, interpolés ou falsifiés, avec la même foi que s'ils eussent présenté les meilleures garanties; ces savants nous ont appris à ne plus prendre de la fausse-monnaie pour argent comptant.

C'est qu'il faut compter en effet avec les faussaires qui,

à maintes reprises, se sont livrés aux exploits les plus
variés, dans l'intérêt de quelque établissement ou de quelque propriétaire, afin de lui créer des titres qui justifiassent
ses prétentions.

Le plus fâcheux c'est que, lorsque les documents ainsi
forgés ou truqués ont succombé sous le scalpel des critiques, il se dégage de leur autopsie des résultats fort dou-
loureux pour les amis des vieilles traditions. Les personnages qui figurent dans ces actes sont qualifiés de *légendaires*, et c'est un terrible coup de massue dont il n'est
pas aisé de se relever.

André Du Chesne et le P. Anselme présentent comme la
tige des barons de Montmorency un chevalier vivant au milieu
du xe siècle : Bouchard, seigneur de Bray-sur-Seine. Les
chroniques sénonaises lui attribuent l'édification dans un
petit château-fort *(munitiuncula)* au milieu des marécages
(in locis palustribus) d'une église dédiée au Saint-Sauveur.
Bouchard et sa femme Hildegarde, couple riche et puissant,
déposèrent les corps de saint Pair *(Paternus)* martyr, et
de l'évêque du Mans, saint Pavace confesseur, dans la collégiale qu'ils avaient fondée. Saint Pair avait été moine de
Saint-Pierre-le-Vif, d'où se déduit l'intérêt que les annalistes sénonais portaient à ses restes. (1)

---

(1) « 958. Bouchardus miles fundavit monasterium Sancti Salvatoris
prope Braium, ponens ibi corpora S. Paterni, qui fuit monachus S.
Petri Vivi, et S. Pavacii martyris. » (Chron. de la Cath. de Sens, citée
par Du Chesne, *Hist. de Montmorency*, Preuves p. 6). « Anno 958,
Bauchardus quidam miles, et uxor ejus, Hyldagardis nomine, divites
ac potentes secularium facultatum, in quodam oppido qui vulgo Brai-
ticus dicitur, quendam locum habebant in locis palustribus, in quo
monasterium Sancti Salvatoris prope Brayum construxerunt et ibi corpora S. Paterni martyris, monachi (S.) Petri Vivi, et Pavacii confes-

Ces détails ne sauraient suffire pour établir un lien entre Bouchard, possesseur d'une forteresse d'assez faible importance à Bray-sur-Seine, et la maison de Montmorency. L'hypothèse d'André Du Chesne à cet égard n'était même pas spécieuse. Mais elle parut, plus tard, fortifiée, grâce à la teneur d'un diplôme de Lothaire, daté du 10 décembre 958, découvert par Claude Estiennot et dont il envoya copie à Mabillon (1).

Ces deux bénédictins firent bon accueil au document

---

soris deferentes, honorifice collocaverunt. » (*Chronicon archiep. Senonensium*, copie d'Urbain Reversy (inédite), ms. lat. 5, 202, fol. 142.)

« In illo tempore (sub Hildemanno præsule) erat quidam miles Bauchardus, et uxor illius Ildegardis, qui habebant quandam munitiunculam in pago Senonico super Sequanam fluvium, in loco qui vulgo dicitur Braiacus in locis palustribus. Ibi construxerunt illi coenobium monachorum in sua hæreditate, in honore Domini Salvatoris, deferentes illic corpora SS. Paterni martyris et Pavacii confessoris. Cæterum Hildemannus obiit, sepultus in basilica S. Petri, expletis in episcopatu annis IV et mensibus X et dimidium » (Clarius, *Chronicon*, ap. Daru, *Biblioth. de l'Yonne*, II, 484.) Toutes ces chroniques sont empruntées à une source commune qui a disparu, et qu'on est convenu d'appeler *Historia Francorum Senonensis*.

(1) Mabillon (*Acta Sanctorum ordinis S. Benedicti*, sæcul. V, p. 245) l'édita avec cette indication de source : « Ex autographo erutum a nostro Stephanotio. » Dom Estiennot avait trouvé ce diplôme dans le musée paléographique du très docte Robert Hubert, préchantre d'Orléans ; il portait un sceau : « Appensum est sigillum in quo visitur imago regis solio insidentis. » (Ms. fr. 12775, fol. 3.) La formule : « appensum » paraît indiquer un sceau pendant ; celui de Lothaire ne pouvait être que plaqué. Du Chesne avait en mains cet original ; il est transcrit dans un des volumes de la collection de ses manuscrits (t. XLIX, fol. 408) et au bas se trouve cette mention : « A cette charte est appendu un scel avec l'effigie de Lothaire représenté sur un throsne. » Peut-être Du Chesne ne l'a-t-il connu qu'après la publication de son *Histoire de la Maison de Montmorency* (1623) ; il est peu probable qu'il ait refusé d'y ajouter foi : sa critique est en général inférieure à celle de Mabillon. Le texte de Du Chesne porte deux variantes notables : « Bauchardus miles filius Alverici ducis », au lieu de « Alberici » et « Theobaldus dominus de Centumliliis » au lieu de « Centumliis ».

que l'un trouva et que l'autre publia. La critique des diplomatistes modernes s'est montrée moins accommodante : dans son histoire des *Derniers Carolingiens*, M. Lot déclare ce diplôme dépourvu d'authenticité.

Mais a-t-il été, comme on pourrait le croire, construit de toutes pièces à l'aide du texte de la chronique de Sens, grossi de circonstances fabuleuses dans un but tendancieux? Le faussaire aurait-il voulu plaire, aux dépens de la vérité, aux Montmorency, en leur inventant un ancêtre ayant porté la couronne, un demi-siècle avant l'avènement des Capétiens?

De prime abord la charte attribuée à Lothaire semble bien prêter à une telle supposition.

Le Roi, dans ce diplôme, dit avoir reçu la supplique de Bouchard, chevalier, fils d'Aubri, duc, lui demandant de confirmer par un privilège royal, l'établissement d'un monastère à Bray-sur-Seine, que Bouchard a fondé du consentement de sa femme Hildegarde, et par le conseil de son frère Thibaut. Ce monastère en l'honneur du Sauveur, a été construit pour recevoir, conserver et honorer le corps du martyr saint Pair et de saint Pavace confesseur; ces dernières reliques ont été transférées d'Angleterre en France par Bouchard, avec quelques moines du monastère de Persora (dans le Worcestershire), que son oncle maternel (*avunculus*) le roi Edred, lui a permis d'emmener.

La supplique étant appuyée par Hildeman, archevêque de Sens (1), le roi y accède et confirme au monastère la dotation que Bouchard lui a attribuée, savoir : le domaine

---

(1) 954-959.

rural de Bray, des moulins à Montmorency, des serfs et des serves.

Voilà bien des circonstances nouvelles et d'autant plus singulières qu'on ne connaît justement pas de duc du nom d'Aubri au début du xe siècle. On ne voit guère comment un seigneur dans la situation secondaire qui se dégage des textes sénonais, le possesseur d'une simple motte féodale (*munitiuncula*), encore qu'il ait été riche et puissant en biens terrestres, se trouverait apparenté aux rois anglais, qui, à cette époque, mariaient leurs filles presque exclusivement à des princes souverains. En outre, Lothaire par son père, Louis d'Outre-Mer, fils de la reine Ogive, avait pour grand-oncle ce même roi Edred d'Angleterre. Comme deux des sœurs d'Ogive épousèrent, l'une Otton le Grand, roi de Germanie, l'autre Hugues, duc de France, père de Hugues Capet, il s'en suivrait que du même coup, Bouchard, simple vassal, aurait eu les plus grandes alliances qu'on pût alors rêver. Le rôle modeste qu'il joue dans l'histoire de son temps, semblerait dès lors inexplicable. Flodoard et Richer ne prononcent pas même son nom : il n'est intercesseur ni témoin dans aucun des diplômes qui nous sont parvenus (1).

Je passe sur les arguments tirés du style des formules du diplôme ; j'ajouterai même, vu mon peu de confiance en ce terrain de défense, que je passe condamnation sur le

---

Une charte épiscopale chartraine de 955, concernant le rétablissement de l'ordre monastique à Saint-Père-en-Vallée, où figure Hildeman, archevêque de Sens, est souscrite par deux chevaliers : Aimon et Bouchard ; le premier devint peu après comte de Corbeil ; le second a été identifié par Du Chesne avec l'ancêtre des Montmorency : c'est une pure conjecture.

document en soi et dans sa forme actuelle. Mais s'ensuit-il
qu'il soit inventé de toutes pièces? S'ensuit-il que les détails
qu'il ajoute aux indications de la chronique sénonaise soient
légendaires ou fabuleux?

Ce n'est pas notre sentiment et il nous semble possible
de réhabiliter ce document, sinon dans sa lettre, au moins
dans un fond de vérité qu'il contient. Peu importerait, si
ce fond est mis hors de cause, que la forme diplomatique
ait été, à une date postérieure et avec quelques mala-
dresses, donnée à une notice relatant les libéralités faites à
Saint Sauveur de Bray et l'origine des reliques qui y furent
déposées.

Tout d'abord, nous remarquerons que le diplôme copié
par dom Estiennot nomme un seul frère de Bouchard; c'est
Thibaut, qu'il qualifie *dominus de Centumliis* (1). Ce

---

(1) *De Centumliliis* (Cent-lys) dans la copie de Du Chesne ; ce nom
serait dépourvu de sens étymologique. *Lii* ou *Liæ* sont plutôt une
transcription latine des mots *lay* ou *laye* (division d'un bois, bande de
forêt). *Centumlii* a pu donner par chuintement Champlois (à Quarré-
les-Tombes, arr. Avallon) ou Champlay (cant. de Lumigny, arr. de
Coulommiers, non loin de Bray).

On ne saurait penser que le faussaire ait eu en vue le fameux Thibaut File-Estoupes (*Theobaldus Filans-Stupas*) forestier du roi
Robert, dont on a fait le père de Gui de Montlhéry, d'après la chronique d'Aimoin. Mais le manuscrit de cet auteur présente une lacune
provenant d'un grattage qui porte sur ce passage. Du Chesne, qui a
proposé le premier ce rattachement, et qui au début de son *Histoire
de la Maison de Montmorency*, s'appuie sur cette hypothèse (p. 58)
pour en formuler une autre, en faisant d'Hildegarde unie à Bouchard
de Bray une fille de Thibaut-le-Tricheur, paraît s'être refroidi au cours
de l'impression de l'ouvrage, car à la page 684 il n'y trouve plus
qu'un semblant, et aux Preuves (p. 419) il écrit : « Les preuves du
Livre XII (sur les Montlhéry) sont omises, d'autant que le fondement
d'icelles consiste seulement en conjectures, et que d'ailleurs il n'y a
aucune raison qui en requierre le rapport. »

Les titres du Cartulaire de Saint-Vrain que nous avons publiés (*Les
vicomtes de Corbeil et les chevaliers d'Étampes*, p. 43-47) prouvent que

nom géographique ne répond à rien de précis, car il n'est
pas identifiable philologiquement avec Senlis comme quel-
ques-uns l'ont proposé. D'ailleurs Senlis était non pas une
seigneurie, mais une ville royale et le chef-lieu d'un
comté ; son nom latin *Sylvanectis* ne pouvait être ignoré
de personne. On se demande quel intérêt aurait pu avoir
un fabricateur de textes à encombrer l'acte qu'il forgeait
d'un détail ne s'appliquant à rien de connu.

Il n'est guère aisé de s'expliquer pourquoi on aurait
imaginé d'attribuer à Bouchard l'Ancien, un père du nom
d'Aubri, et un frère du nom de Thibaut. Ces deux noms,
d'ailleurs, sont parfaitement justifiés dans sa généalogie :
le second a été porté par un des barons mêmes de Montmorency sous le roi Philippe Ier ; le premier, celui d'Aubri,
est spécial à une branche des Montmorency, celle qui
posséda notamment les terres de Domont, de Sevran et de
Montceleux, ainsi que la colline parisienne du Mont-au-
Glaïeul (*Mons Gladioli*), dont on a fait Mont-au-Gleuil,
puis Mont-Orgueil. Cette branche s'éteignit avec un
Arrode II de Montmorency, un chevalier qui devint lépreux
et fut admis, vers 1140, à l'hôpital St-Lazare de Paris (1).
La déclaration de lèpre entraînait la mort civile, et la
femme de ce chevalier fut enfermée avec lui ; leurs biens
passèrent à des collatéraux.

---

dès 1043 et jusqu'en 1057, le château de Montlhéry eut pour seigneur
Milon Ier, père de deux fils, Gui et Hugues. C'est donc Milon Ier et
non point le forestier File-Estoupes, qui fut père de Gui-le-Grand.
Milon dut avoir pour auteur Gui, prévôt de Bourgueil sous Thibaut-
le-Tricheur. La famille de Montlhéry donna en effet, à l'abbaye fondée,
à Bourgueil, par une fille de Thibaut, les églises de Chevreuse.

(1) *Liber Testamentorum Sancti Martini de Campis*, p. 79.

Un faussaire ayant pour objectif la construction d'une généalogie se serait bien gardé d'introduire des personnages inutiles, sans intérêt, sans descendance notoire, dans un acte dont il devait s'efforcer d'écarter toute suspicion. Mais si, comme nous le supposons, c'est le texte d'une ancienne notice, écrite avec quelques abréviations, ou en caractères effacés quelque peu par le temps, qui a servi de thème à la confection de ce diplôme de Lothaire, on conçoit que les indications primitives aient été copiées servilement, même dans les passages qui n'étaient plus compréhensibles. Pour nous, cette rédaction serait du xiie siècle, car son but suffisamment clair est de dégager les moines des droits d'avouerie que pouvaient prétendre sur eux les comtes de Champagne et leurs vassaux, les châtelains de Bray, qui avaient succédé aux fondateurs de la Collégiale. On y lit à deux reprises que les biens donnés sont dispensés d'avouerie : cette formule n'eut de raison d'être qu'à une époque où, depuis longtemps, avaient cessé les invasions normandes ou hongroises et les guerres intestines qui obligeaient les églises à confier, pour en assurer la défense et la conservation, leurs domaines fonciers à la garde de seigneurs qu'ils appelaient à leur secours (*advocati*, suivant le sens étymologique du terme latin). Au xe siècle, on sollicitait le concours des avoués, on ne le répudiait pas.

Si l'on envisage cet objectif, et il semble impossible d'en découvrir un autre qui ait pu motiver la confection de cette charte, on admettra tout d'abord qu'il y eut bien à Montmorency des propriétés provenant de Bouchard, et détenues par la Collégiale de Bray qui dut s'en débarrasser par la suite. Ces moulins se conçoivent fort bien au XIIe siècle, car il s'agit plutôt de moulins turquois ou moulins à vent, établis sur la hauteur, que de moulins qui auraient pu exister sur le ru de Montlignon, lequel ne baigne pas le territoire même de Montmorency. On ne saurait imaginer que le chapitre de Bray-sur-Seine ait voulu s'approprier des moulins à Montmorency au moyen d'un faux titre, d'autant que l'indication absolument vague, qui les concerne, ne pouvait prêter à des revendications précises.

On ne voit pas non plus quel intérêt les auteurs du diplôme auraient eu à l'agrémenter de remarques parasites, telles que l'arrivée de bénédictins anglais accompagnant des reliques rapportées d'Outre-Manche par les fondateurs de la Collégiale de Bray, et à créer à Bouchard une alliance avec le roi d'Angleterre. S'ils n'ont fait que copier une notice rédigée sur la fin du Xe siècle ou au début du XIe, il est très plausible qu'il s'y soit trouvé une phrase telle que : *Burchardus filius cujusdam ducis Alberici*, interprétable d'après la lexicologie contemporaine. A cette époque, le terme de *dux* revêt un caractère indéfini ; il s'applique à des comtes, parfois même à des vicomtes ou à de simples bannerets (1).

---

(1) Une charte de Saint-Michel de l'Abbayette éditée par M. de Farcy, p. 18) donne ce titre : *Gaufredus Medavi castri dux* à un simple chevalier.

Adémar de Chabannes qualifie *dux Moxidanensis* le possesseur du château de Mussidan qui avait tout au plus rang de vicomte : c'était Aimeri, fils du premier vicomte de Ribérac, Ogier (*Adalgerius qui fecit Moysidan*). L'historien des miracles de Saint-Benoît (IV, 10) emploie la formule : « Barcinonensis regni quatuor duces » pour désigner les comtes Bernard de Bésalu, Guifroi de Cerdagne, Raymond

Il était intéressant de rechercher si plusieurs des détails énoncés dans le diplôme de Lothaire trouveraient leur confirmation dans des sources qui ne purent être connues des moines de Bray. Tout d'abord, le corps de saint Pair a-t-il pu être rapporté d'Angleterre ? Certainement, puisqu'il y avait été transféré vers l'an 925. Une lettre de Ratbod, prieur du monastère breton de St-Sanson de Dol (1) adressée au roi Athelstan frère et devancier d'Edred, lui annonce qu'en reconnaissance des bons offices du feu roi Edward Ier, le père de ces deux princes, et des services rendus par les rois anglais aux moines de Dol, le prieur transmet à Athelstan, successeur d'Edward, les reliques anciennes de plusieurs saints ; il n'ignore pas, déclare-t-il, que le roi place de tels présents au-dessus de toutes les richesses terrestres. Et de quelles reliques s'agit-il ? Des ossements de saint Pair et de deux apôtres de la Bretagne.

Le rédacteur de cette lettre n'exagère en rien, touchant la mentalité dévote du monarque auquel il s'adresse. Nous possédons le curieux récit du vol fait par un habile Anglais — ce n'est pas d'aujourd'hui que des pickpokets traversent la Manche — dans l'église de Boulogne-sur-Mer, de l'un des corps saints qui y reposaient, dans le but de le vendre fort cher au roi Athelstan (2).

---

de Barcelone, Ermengaud d'Urgel, qu'il énumère, et sur la qualification exacte desquels aucun débat ne saurait s'élever.

(1) *Chartularium Saxonicum*, II, 319.

(2) *Acta Sanctorum Junii*, I, 743.

C'est peut-être grâce à une soustraction analogue que se trouvaient en Angleterre en 958 des reliques de saint Pavace, troisième évêque du Mans, que son successeur Aldric transféra solennellement en 840 dans l'église, aussi dédiée au Saint-Sauveur, qu'il avait élevée, si l'on en croit du moins les *Gesta Aldrici* (*Acta Sanctorum Aprilis*, II, 415)

Quant aux reliques de saint Pavace, elles étaient encore au Mans en 836 ; l'évêque Aldric en préleva une part qu'il joignit au corps de saint Liboire, octroyé par lui aux envoyés de l'évêque de Paderborn. Un récit contemporain relate leur transfert, et notamment leur passage à Paris, dont on faisait déjà dériver le nom de la légendaire ville d'Is (1).

Précisément, sous ce même roi d'Angleterre Athelstan, figure d'une façon tout à fait exceptionnelle, dans la liste des ducs et hauts barons (*duces et optimates*) qui l'accompagnèrent à Worcester lorsqu'il y fit des libéralités à l'église de Notre-Dame, un Bouchard dont le nom est orthographié avec la forme anglaise, *Buhrredus* pour *Burcherredus* ou *Burchardus* (2). Cela se passe en 929 ; plus tard, à des intervalles fort éloignés, en 950, puis de 955 à 959, et enfin en 963, ce duc reparaît avec son titre à la Cour d'Angleterre ; il a un homonyme qu'on peut supposer son proche parent, qui occupe un rang inférieur, celui de chevalier ou d'officier du roi (*miles regis, minister*), de 949 à 970 (3).

On n'a, en effet, aucune lumière sur les motifs qui amenèrent leur éloignement du Mans. (*Acta Sanctorum Julii*, V, 538.)

(1) La *Translatio Sancti Liborii* fut écrite sous la dictée d'Idon qui en avait été le témoin (cap. 7) ; le transfert se fit en 836 (cap. 8). Voici le passage, peu connu, qui concerne l'origine fabuleuse de Paris : «Appropinquantes vero Parisius civitati quam, fluentis Sequanæ cinctam, Julius Cæsar condidisse, et ob similitudinem insulæ maris, Ysius nominatæ, Par Isius fertur appellasse... ab episcopo loci illius, Ercanrado nomine, omnique populo, ultra pontem stratum super memoratum fluvium occurente, suscepti, et in principalem ejusdem ecclesiam urbis deducti sunt (cap. 25. Pertz, *Mon. Germaniæ, Scriptores*, IV, 151, 155).

(2) *Chartularium Saxonicum*, II, 343 ; Worcester est le chef-lieu du diocèse où se trouve Persora.

(3) La présence de deux Bouchard est simultanée dans plusieurs

Il y eut donc deux Bouchard au cours du x⁰ siècle, pendant une quarantaine d'années, à la cour d'Angleterre sous
le règne d'Edred et de ses sucesseurs.

Dès cette époque, l'abbaye de Saint-Denis jouissait, en
Angleterre, de domaines consacrés à l'élevage des moutons
et des bœufs ; elle avait des salines et des terres occupées
par des tenanciers, notamment à Hasting ; le prévôt du roi
ayant exigé un tribut de 300 brebis, 50 bœufs, 100 mesures
de sel et 150 sous de deniers, un moine de Saint-Denis,
Vital, alla réclamer au roi Edgar, en 960 ; ce prince étant à
York, le 26 décembre de cette année, ordonna la restitution
demandée : une charte qui l'atteste subsiste encore (1).
Aussi, l'anniversaire de sa mort, 8 juillet 975, fut, en
reconnaissance de cette justice rendue aux droits de Saint-
Denis, célébré dans ce monastère, jusqu'à la Révolution de
1789 (2).

Nous venons de voir les Bouchards à la cour des rois
anglo-saxons. Pourrait-on relever la trace d'une alliance
conforme aux données du diplôme de Lothaire ?

D'après une chronique anglaise du xii⁰ siècle où se trouvent bien des détails originaux à côté de quelques confu-
sions (3), Henri l'Oiseleur, élu, en 919, roi de Germanie,

---

actes (Ibid., III, 33, 51, 53, 56, 61, 64, 86, 88, 116, 133, 228 (en 961, l'un
est qualifié *consul*), 350, 617). L'orthographe est très variable, elle est
souvent Byrcuuerd ou Byrcferd. L'expression *miles* n'est usitée dans
les chartes anglaises qu'à partir de 940.

(1) Archives nationales, K 17, n⁰ 3. Doublet, *Histoire de St-Denis*
p. 817.

(2) Dom Racine, *Nécrologe de St-Denis*, III, 1638 (Bib. Mazarine).

(3) Cette chronique est fort exacte en ce qui touche les alliances des
filles du roi Edward I⁰ʳ. Elle rapporte que « le roi Louis d'Aquitaine
(l'Aveugle) dernier rejeton des Carolingiens, épousa la troisième sœur
d'Athelstan, et que la quatrième qui réunissait toutes les beautés que

fit demander au roi Athelstan la main de deux de ses sœurs, Aldgithe et Eggithe, dont il unit la seconde à son propre fils, Otton, et l'aînée à un duc voisin des Alpes (1), *cuidam duci*, porte le texte ; et c'est ici le lieu de se rappeler l'observation qui précède sur la valeur élastique du mot *dux* au xᵉ siècle. Si nous identifions ce beau-frère d'Athelstan avec l'*Albericus dux*, père de Bouchard de Bray, cet Aubri, voisin des Alpes, ne serait-il pas le comte de ce nom à qui les chanoines de Saint-Maurice-en-Valais inféodèrent, en 941, le château de Bracon, près de Poligny (2), et l'allié d'un *Albitius* (*Albizzo*, fréquentatif d'*Albericus*), qualifié comte de Varèze (3), qui, avec sa femme, Ode, fit, en 932, une fondation au monastère de Nantua (4)?

A la même époque, il existait un abbé-laïc de Montier-en-Der du nom d'Aubri, qui disposa en faveur d'un de ses chevaliers, à titre de bénéfice, d'une église Saint-Amand située au bourg de Poissons (5). Cet abbé paraît avoir

---

peuvent posséder les autres femmes (*in qua omne coagulum pulcrilidinis quod cæteræ ex parte habent, nataliter affluxerat*) fut demandée par Hugues le Grand (qualifié à tort *rex Francorum*), par l'entremise d'Adolf (Adelolf ou Allou) fils de Baudoin de Flandre et d'une sœur du roi Edward, Elspia. » Le chroniqueur décrit les cadeaux qui furent offerts, à Abingdon où l'envoyé de Hugues trouva le roi, à la jeune princesse et à son père ; il cite notamment des parfums délicieux jusqu'alors inconnus aux Anglais, et tout un musée de bijoux et d'objets d'art antiques.

(1) Henricus misit ad Edelstannum regem pro duabus sororibus suis, Aldgita et Eggita, quarum posteriorem filio Ottoni collocavit Iteram cuidam duci juxta Alpes nuptum dedit (Bibl. Nat. Nouv. acq. latines 264, fol. 21).

(2) *Historiæ Patriæ Monumenta*, II, 35.

(3) Saint-Jean de-Varèze (Isère).

(4) Guichenon, *Histoire du Bugey*, p. 215. Il est à remarquer qu'on trouve au xiᵉ siècle, dans cette région, des comtes du nom de Bouchard et d'Aubri dont l'origine est inconnue.

(5) Chef-lieu de canton de l'arr. de Vassy (Haute-Marne).

remplacé Boson, frère du roi Raoul et comte de Saint-
Dizier (1), mort en 935 peu après s'être emparé de Dijon (2).
Sous les Carolingiens, les capitaines auxquels on conférait
en bénéfice l'administration de biens monastiques cumu-
laient habituellement plusieurs abbayes. L'abbé Aubri de
Montier-en-Der pourrait fort bien ne pas se distinguer
d'Aubri I, abbé de Saint-Germain-des-Prés au xe. siècle,
sans date précise connue, et dont l'obit est fixé au
26 août (3).

Les chroniques sénonaises nous apprennent que Bouchard
l'Ancien mourut en laissant à sa veuve, Hildegarde, son
château de Bray-sur-Seine. Mais un certain Boson, un
chevalier que ces chroniques appellent un redoutable
détrousseur (*raptor fortissimus*), vint un jour revendi-
quer ce château à main armée et s'en empara après avoir
dévasté le pays (4). Indigné de cette violation du droit des
gens, le comte de Sens, Rainard, dans la région duquel se
trouvait Bray, mobilisa ses troupes, attaqua Boson et mit
le feu à la forteresse qui fut détruite. Les reliques de saint
Pair et de saint Pavace furent transportées dans le donjon
de Sens. Plus tard on les rendit à la prière de Thibaut le
Tricheur, comte de Tours et de Chartres, sous la domi-
nation duquel l'église de Bray était passée. Ces assertions
des annalistes sénonais trouvent une confirmation complète
dans la Petite Chronique du monastère de Bonneval. On y

(1) Ch. Savetiez, *La maison de Dampierre Saint-Dizier*, dans la
Revue de Champagne et de Brie, 1885.
(2) Chronique de Flodoard.
(3) Duplessis, *Annales de Paris*, p. 212.
(4) C'était sans doute un descendant de Boson, comte de Saint-
Dizier, frère du roi Raoul.

rapporte que le comte Eudes de Chartres, fils de Thibaut le Tricheur, unit à cette abbaye l'église de Saint-Sauveur de Bray qu'il possédait à titre héréditaire, grâce à l'abandon que lui avait fait de ses droits successoraux Bouchard, issu des châtelains qui l'avaient construite.

Ainsi le premier Bouchard de Bray, en même temps propriétaire de Montmorency, laissa un héritier homonyme ; et ce second Bouchard renonça, sur l'église de Saint-Sauveur, à tous ses droits patrimoniaux. Tout permet de croire qu'il s'agit bien là de l'ancêtre des Bouchards de Montmorency, qui apparaissent à la cour de Robert le Pieux et de Henri I dès la première moitié du XIe siècle. Il avait dit adieu au pays de Sens, sans espoir de retour, pour concentrer ses ambitions au cœur de l'Ile de France. On doit admettre que ce fut avant le 8 septembre 975, si, comme tout porte à le penser, l'héritier des fondateurs de Bray n'est autre que le chevalier Bouchard, cousin (*consobrinus*) d'un vassal de Hugues Capet, Aleaume, qui, à cette époque, fit don à Saint-Benoît-sur-Loire, de l'église de Villiers-Saint-Benoît, au pays de Sens, et d'un magnifique crucifix d'argent provenant peut-être de Saint-Sauveur de Bray (*insignem crucem argenteam, vultu Salvatoris nostri insculptam*). Dans la souscription finale Bouchard est formellement associé à cette libéralité, qui a pour but de fonder des anniversaires pour les donateurs, le duc de France leur seigneur, et les père et mère d'Aleaume : Robert et Berthe (1). Aussitôt après les deux

---

(1) Le terme de *consobrinus* s'applique en général à des cousins germains issus de frères ou sœurs de lit différent. Ainsi Aubri, père

cousins, souscrivent le duc Hugues, le comte Eudes de Chartres et un Aubri qui semble bien le frère de Bouchard II, le sire de Vihiers, suivant l'hypothèss d'André Du Chesne (1). L'acte est daté de Paris, où toute cette famille était donc dès lors transplantée.

Le second des Bouchard est nommé dans un titre de l'abbaye de Saint-Denis auquel, avec Du Chesne, d'autres auteurs, Doublet et Félibien, ont ajouté foi, mais qui, lui aussi, est maintenant, et à juste titre, frappé de suspicion. C'est un diplôme du roi Robert le Pieux, fils de Hugues Capet, dans lequel on raconte qu'un chevalier nommé Hugues Basset — cette famille subsista dans l'Ile de France où elle détenait différents fiefs, jusqu'au règne de Philippe-Auguste — possédait une île sur la Seine (appelée maintenant l'île Saint-Denis) qu'il laissa à sa veuve. Bouchard le Barbu avec qui cette veuve convola, installa dans l'île un fortin destiné à lui assurer un droit de péage sur la Seine. Cette exaction était fort nuisible aux intérêts de l'abbaye de Saint-Denis dont les plus clairs revenus se tiraient d'une foire considérable, celle de Lendit, où se vendaient surtout des chevaux, du gros bétail et des marchandises pondéreuses qu'il fallait amener par eau.

Aussi des démêlés violents éclatèrent-ils entre l'abbaye de Saint-Denis et le chevalier Bouchard qui fut sans nul doute, selon l'usage du temps, frappé d'une excommuni-

---

de Bouchard Ier, a dû être marié deux fois : une de ses femmes lui aurait donné Berthe, mère d'Aleaume ; Bouchard Ier, père de Bouchard II, serait le fruit de l'autre union.

(1) Prou et Vidier, *Recueil de charles de Saint-Benoît-sur-Loire,* p. 144-152.

cation solennelle. Le roi imposa aux parties en cause une transaction. Le fortin construit sur l'île Saint-Denis fut rasé, mais Bouchard fut autorisé à reconstruire le château de Montmorency qui avait été détruit (1) et où il s'installa.

---

(1) Diverses traditions concordantes attribuent la destruction de Montmorency aux Danois, alliés de Richard duc de Normandie, dans la guerre qui se poursuivit depuis 962, « guerre sans batailles, faite de pilleries et d'incendies de campagne. La vallée de la Seine, le Dunois, le pays Chartrain, la frontière de Normandie jusqu'à la Bretagne, furent horriblement saccagés par des bandes de Danois païens à la solde de Richard. » (Lot, *Les derniers Carolingiens*, p. 55.) Du Chesne (*Histoire de la maison de Montmorency*, Preuves, p. 7) cite plusieurs textes, dont le plus intéressant est tiré d'une chronique de St-Martin de Tours, d'un caractère absolument légendaire : « Anno Othonis imperatoris XXVI et Lotharii VII, venit quidam princeps Danorum nomine Wastanda, in Franciam, cum Eadoardo et Eldino cognatis suis, qui tunc temporis erant comites Flandriarum ; et in adventu suo castrum Monmo.enciacum destruxerunt, nec multo post, Parisius obsederunt. » Dom Duplessis, d'après d'autres sources, a fixé à 962-963 ces incursions (*Annales de Paris*, p. 205-208). La guerre avait commencé entre Thibaut le Tricheur et Richard Ier ; elle s'étendit lorsque Lothaire IV eut pris parti pour Thibaut. Une alliance est probable entre les Bouchards et le célèbre comte de Chartres ; elle n'est toutefois pas due à ce qu'Hildegarde, femme de Bouchard de Bray, aurait eu pour père Thibaut le Tricheur, comme l'a supposé Du Chesne sur de fragiles conjectures (*Histoire de Montmorency*, p. 58). Cette alliance devait remonter à une génération précédente, elle expliquerait pourquoi les mercenaires de Richard s'attaquèrent en particulier à Montmorency. Les récits concernant la destruction de Montmorency, et notamment la version du faux Hugues de Clefs, y associent un autre fait : l'intervention du comte d'Anjou, Geofroi Grisegonelle. Or une notice des plus intéressantes, qui n'a pas échappé à André Du Chesne (Preuves, p. 12), rappelle que Geofroi, héritier d'Aubri d'Orléans (par sa mère, Gerberge, femme de Foulques II le Bon) donna l'alleu de Vihiers (arr. de Saumur) provenant de cette succession à un proche parent du côté de sa mère (*cognatus*), Aubri de Paris (*Albericus Parisiensis*), et Du Chesne y a vu, avec vraisemblance, un fils de Bouchard. Sa conjecture se fût fortifiée s'il eût connu l'existence du successeur d'Aubri, Bouchard le Poilu, *Burchardus cognomento Pilosus de Vierio castro*, qualifié *vir illustris* par une charte de St-Maur (Coll. Baluze, CXXXIX, 105). Le nom de Bouchard se retrouve au XIe siècle dans une branche cadette de la famille d'Anjou, avec ceux de Foulques, de Gui et d'Ives qui lui appartenaient dès le début du Xe siècle. Cette branche a possédé la terre de Chambray, en Touraine.

Ce fut toutefois à charge d'hommage envers l'abbé de Saint-Denis.

Cette charte attribuée au 25 janvier 997 (1) n'a pas échappé plus que la première aux critiques motivées par sa rédaction actuelle (2).

---

(1) Elle pourrait être de 988 si on fait partir la première année de Robert de son association à Hugues Capet le 25 décembre 987. Mais rien n'autorise à modifier la date inscrite sur le faux, comme l'a fait Tardif (*Mon. Hist.* p. 156) pour le transporter à l'an 1008. Félibien (p. 118) le place en 998, parce qu'il met la mort du roi Hugues en 997. Cette date ajoute à la démonstration du faux, puisqu'on met en scène la reine Constance, alors que le 29 octobre 999, Berthe, sa devancière, était encore la femme de Robert (D. Bouquet, X, 577).

(2) L'original (Arch. Nat. K 18, n° 2) est, dit Pfister (*Etudes sur le règne de Robert-le-Pieux*, p. LXXI) un « faux très ancien. Le sceau plaqué doit être celui de Robert rapporté. Au cours de la charte, *Roberlus* pour *Rotberlus* ou *Rodberlus*. Le nom du notaire et la date ont été pris à un diplôme de Robert 1er, père de Hugues le Grand. » On peut s'en assurer en comparant ce dernier acte avec le faux (D. Bouquet, *Recueil des Historiens de France*, IX, 559 et X, 592). Pour assurer plus d'autorité à cet acte mensonger, on y a disposé, sur cinq colonnes, les souscriptions d'évêques des provinces de Sens et de Reims qui se trouvaient réunis à Chelles le 17 mai 1008 (Arch. Nat., K 18, n° 1 ; cf. Tardif, *Monuments historiques*, n°s 249 et 250); addition d'autant plus absurde que le faux est daté ainsi : « Data VIII kalendas februarii indictione XI, anno primo regnante Roberto rege gloriosissimō, » ce qui supposerait la réunion des mêmes prélats, sans un de plus ni de moins, dans des synodes tenus à onze ans de distance.

A défaut de ces preuves démonstratives, le contexte du diplôme eût dû suffire pour le faire écarter. Il a certainement été fabriqué à la suite des dissensions entre Adam, abbé de St-Denis, et Bouchard IV, qui amenèrent l'intervention de Louis-le-Gros, roi désigné, et le siège de Montmorency (Felibien, p. 134. Luchaire, *Louis VI*, p. 8, n° 16; Depoin, *Cartulaire de St-Martin de Pontoise*, p. 45). Les formules qu'il renferme, telles que « regina nostre Constancia annitente », — « *hominium* », — « *fesdum* (variante *feudum*)» — « Vivianus abbas.. annuente omni sibi subdita congregatione », sont du XIIe siècle. La forme *Monmaurenciacus* pour *Mons Maurenciacus* ou *Mons Maurentii* ne se trouve pas dans le *Liber Testamentorum Sancti Martini de Campis*, dont le dernier acte est de 1116. Dans le *Cartulaire de St-Martin de Pontoise*, *Mons* est encore décliné vers 1102; il est francisé et aggluciné vers 1121 (cf. édition Depoin, p. 40, 56). Julien Havet s'est associé aux conclusions de Pfister (*Œuvres*, I, 194).

Il est cependant intéressant de signaler un rapproche-
ment qui pourrait donner au fond même de la pièce un
point d'appui.

De 1009 à 1012 le souverain pontificat fut occupé par le
pape Sergius IV, l'auteur de la première bulle appelant le
monde chrétien à la Croisade contre les infidèles, et dont
la vie a donné lieu à une étude du plus haut intérêt due à
notre regretté collègue, M. Jules Lair. Un bref de ce même
pape est transcrit au premier feuillet d'un livre d'église
du temps de Charles-le-Chauve, un in-folio sur vélin,
admirable manuscrit que la France a perdu ; la reine
Christine de Suède l'emporta à Stockholm où il fait aujour-
d'hui l'un des ornements de la bibliothèque royale. L'il-
lustre Léopold Delisle l'a décrit dans son étude magistrale
sur les anciens sacramentaires (1) ; il provient de la cathé-
drale de Sens ; les mentions qu'il renferme constatent qu'il
servit au début du Xe siècle à deux archevêques du nom de
Gautier, l'oncle et le neveu, dont le premier était lui-même
neveu d'un évêque d'Orléans, homonyme (2). C'est dans ce

---

(1) L. Delisle, *Mémoire sur d'anciens sacramentaires*, p. 113 (texte
p. 391).

(2) Gautier, évêque d'Orléans, *patruus* (oncle paternel) de Gautier
de Sens (*Gallia Christ.*, VII, 1426), élu en 869, mourut en 891, le
26 février (*Sacram. de Stockholm*, fol. v v°; Delisle, p. 113). Gautier Ier
53e archevêque de Sens, fut ordonné en 887, le 2 avril (dim. de la
Passion). (Ibid. fol. iii et v). « Galterus I, vir nobilitate et scientia
clarissimus, majoris ecclesie Senonensis canonicus, mense martio in
archiepiscopum electus est; qui, missis Romam nunciis, a Stephano V
pontifice, cum dignitate pallii primatiam obtinuit. Senonas inde
veniens, ingressum suum celabravit, ut moris est. Hic monachis Sti
Petri privilegium eligendi abbatem contulit » (*Chr. des Arch. de Sens*,
copie de Reversy, fol. 123). Il sacra Eudes en 888 (ibid.), Robert Ier
le 26 juin 922, Raoul le 13 juillet 923, et mourut le 15 novembre suivant
(Annales de Ste-Colombe, ap. Pertz, *Scriptores*, I, 105). Le Sacramentaire de Sens conservé au Vatican, donne à tort la date funèbre

rituel que figure une prière spéciale à la cérémonie du sacre
du roi Eudes, le précurseur des Capétiens. Mille ans plus
tard, dans un voyage en Suède, lors du Congrès international
de la Presse, j'ai eu la joie de toucher avec respect cette
vénérable relique, d'une exécution artistique hors de pair.
J'y ai relu le bref de Sergius IV. Il s'adresse à une dame
appelée Hildelinde, veuve d'un haut personnage nommé
Bouchard. Hildelinde a fait le voyage de Rome pour obtenir
l'absolution posthume de son mari mort sans que les
excommunications dont il était frappé eussent été levées ;
le pape lui accorde cette absolution. Si l'on pense que le
premier des archevêques de Sens du nom de Gautier, qui
mourut en 923, avait un frère appelé Bouchard, qui
vendit à Géran, évêque d'Auxerre, des terres dans le
comté de Sens (1), il semble bien que ce sacramentaire,
propriété personnelle et successive des trois prélats du nom
de Gautier, ait été enlevé de l'église métropolitaine en 928,

---

du 13 novembre 921 (Delisle, p. 164). Gautier II, son neveu et successeur, fut sacré en 924 le 14 mars (dim. de la Passion) (*Sacram. de
Stockholm*, fol. 3). « Galterus II, nepos prioris, minoris ecclesiæ
B. Stephani canonicus, vir genere nobilis, homo rerum experientia
clarus, moribus et ingenio callidus, valde honestus et ab hominibus
honorandus, canonice Senonensis archiepiscopus eligitur, et a Joanne,
Romano pontifice, confirmatus, Senonis populo congaudente honorifice suscipitur (Reversy, fol. 130). Obiit vero anno Domini 928 et in
cœnobio B. Petri juxta avunculum suum honorifice est sepultus ; non-
nulli autem asserunt hunc a Paganis fuisse interfectum. » (Ibid.,
fol. 131.) Le sacramentaire de Stockholm ne donne pas la date de sa
mort et ne contient plus aucune mention postérieure à son ordi-
nation.

(1) « Gerannus... fratribus (canonicis Sti Stephani) dedit in comitatu
Senonico... super Belsam fluviolum, Cervernnm (Chevanes sur la
Baulche, cant. Auxerre-Ouest) quem ipse emit de Bocardo fratre Gau-
terii archipresulis, cum servientibus et omnibus appendiciis suis.
(*Gesta episc. Autissiodorensium*, apud Labbe, I, 441. *Biblioth. nova.*)

au moment où disparut l'archevêque Gautier II : le précieux livre aurait été recueilli par Bouchard de Bray, qui l'aurait transmis à son fils, celui qui, d'après le diplôme attribué à Robert le Pieux, mais argué de faux, aurait été excommunié par l'abbé de Saint-Denis. Hildelinde serait le nom de la veuve du chevalier Hugues Basset, possesseur de l'île Saint-Denis, nom qui jusqu'ici est resté inconnu (1).

Ainsi c'est grâce aux confirmations puisées, d'une part, dans le recueil officiel des chartes des rois anglo-saxons, que le gouvernement britannique a publié sous le règne de Victoria, le *Chartularium Saxonicum* auquel nous avons fait tout à l'heure des emprunts, et, d'autre part, dans un manuscrit de l'église primatiale de Sens, maintenant en Scandinavie, c'est par l'enchaînement de ces documents qui apportent chacun leur contrôle, que la légende du premier Bouchard semble devoir sortir des nuages de la fiction pour reparaître au franc jour de l'histoire. Les hypothèses des historiens des Montmorency trouvent là une justification imprévue, et l'on peut regarder, bien que faux, les diplômes des rois Lothaire et Robert le Pieux, sur lesquels elles reposaient jusqu'ici, comme des documents véridiques dans leur fond et relatant des circonstances qu'on n'est plus en droit de mettre en doute.

---

(1) La *Petite Chronique de Bonneval* (édit. Merlet, Mém. de la Soc. archéol. d'Eure-et-Loir, X, 29) indique, parmi quelques donations du début du xiᵉ siècle : « In villa Macherias (Mézières, hameau du Pré Saint-Evroult, canton de Bonneval) dedit Hildelina et filius ejus Galo alodum suum. » Nous avons vu que Saint-Sauveur de Bray fut uni à cette abbaye du Chartrain par le comte Eudes. Hildelinde, veuve de Bouchard II, se serait-elle aussi intéressée à Bonneval et y aurait-elle placé comme moine un de ses fils appelé Galon, dont l'aleu de Mézières aurait formé la dot?

Ce petit exemple vient à l'appui de ce que nous disions en débutant : jadis, lorsqu'on cherchait la vérité historique, on se contentait volontiers d'une simple lueur ; nous sommes devenus plus difficiles, nous voulons y voir plus clair ; mais nous n'y parvenons pas sans peine, et lorsqu'on observe un paysage aussi lointain que le haut Moyen Age, pour découvrir le point de vue d'où se projette sur certains détails une lumière sûre, il faut parfois, comme nous venons de le faire, prendre le chemin des écoliers.

TABLEAU GÉNÉALOGIQUE

Extrait de l'*Histoire des Familles Palatines*

(en préparation)

———

Hugues comte de Tours	*Eudes I* c. d'Orléans ép. Engeltrude	*Guillaume* *Francigena* c. de Blois	N...		
Etienne comte de Bourges	*Guillaume* c. d'Orléans	*Ermentrude* ép. Charles le Chauve	N... frère de Gautier	*Gautier* év. d'Orléans 869-891	
Hugues comte de Bourges	*Eudes II* comte de Chartres	*Engela* *Francigena* (Engeltrude)	= *Aubri* *Burgundio* c. d'Orléans	*Gautier I* arc. de Sens 887-924	*Bouchard* comte de Vendôme
Richilde = *Thibaut* c. de Bourges et Chartres	*Aubri* *dux*	*Betton* év. d'Auxerre	*Geofroi* comte d'Orléans	*Gautier II* ar. de Sens 924-928	*Bouchard II* comte de Vendôme
Thibaut *le Tricheur* (*Francigena*)	*Richard* arch. de Bourges	*Bouchard* de Bray ép. Hildegarde	*Thibaut* *de* *Centumliis*	*Aubri II* comte d'Orléans	*Gerberge* ép. le comte d'Anjou	*Bouchard III* comte de Vendôme
Eudes III comte de Chartres	*Hugues* arc. de Bourges	*Bouchard II* *le Barbu* ép. Hildelinde	*Aubri* de Vihiers	*Geofroi* *Grisegonelle* comte d'Anjou	*Bouchard IV* c. de Vendôme et Corbeil
		Bouchard *le Poilu* de Vihiers	*Foulques Nerra* = *Elisabeth*